Cómo Sa

Amigos

(How to Get Out of The "Friend" Zone)

Novel by

A.C.Quintero

ISBN-10: 198570482X

Cover by <u>canva.com</u>

Chapter art by

J. Fierro

Agradecimientos

Quisiera agradecerles a todos los que han formado parte de este gran proyecto.

Agradezco a mi esposo Carlos, por ayudarme a refinar y confirmar mis ideas. Agradezco a mis estudiantes y a todos los profesores que escogieron esta novela como parte de su curso.

También, agradezco a Cheri y a Bryce Hedstrom por su acogimiento tan cálido. Esta novela no habría sido posible sin la colaboración, las palabras alentadoras y perspectivas distintas de las personas mencionadas.

Cómo Salir de la Zona de Amigos

Contenido

Capítulo 1
La ciclovía

Lena estaba durmiendo cuando escuchó su móvil. Su móvil estaba vibrando **contra el piso**[1]. Había muchas notificaciones en la **pantalla**[2]. Ella tenía muchas notificaciones de Facebook, Snapchat e Instagram.

«Daniel ha subido una foto»

«Miguel te ha incluido en una foto», decían las notificaciones.

Pero, ella enfocó su mirada un poco más en la pantalla y vio que tenía dos **llamadas perdidas**[3] de Tristán.

Sonrió inmediatamente cuando vio la graciosa foto de Tristán. Era su mejor amigo de **la infancia**[4]. **Habían crecido juntos**[5] y sus

---

[1] against the floor

[2] screen

[3] missed calls

[4] childhood

[5] they had grown up together

padres eran muy buenos amigos. Además, ellos eran vecinos. Ella estaba admirando la foto cuando recibió un mensaje de texto; era de Tristán.

Tristán:«**¿DND TAS?**[6]» Tristán

Lena se levantó rápidamente de la cama. Miró **fijamente**[7] su móvil, mientras respondía el mensaje de texto:

Lena: «¿Qué pasa?»

Tristán: «Entonces, ¿no vas?»

Lena: «**¿ADND**?[8]»

Tristán: «¡A correr! Hoy es domingo de ciclovía, y el maratón es en tres semanas. Todos estamos aquí esperándote»

Lena: «¡Ay no! **XDON**[9] ya voy para allá»

Tristán: «Te esperamos. **NV**[10]»

Lena había olvidado que era domingo.

---

[6] Where are you?

[7] intently

[8] adónde

[9] perdón

[10] nos vemos

Era el segundo año que entrenaban para el maratón juvenil de su escuela. Este año el **premio** [11]era gordo; era una **beca**[12] para los cinco estudiantes más rápidos del maratón. La beca sería suficiente para pagar por el primer año de la universidad.

Lena se levantó, se bañó y se vistió rápidamente. Cuando iba a salir, **se detuvo**[13] por un momento para mirarse en el espejo. Se miró la cara sin **maquillaje**.[14]

Generalmente, no se ponía maquillaje, especialmente para ir a correr. Pero, últimamente ella quería verse más bonita.

---

[11] prize

[12] scholarship

[13] she stopped

[14] makeup

Se puso un poco de maquillaje y salió de la casa.

Al salir de la casa, vio a sus amigos allí, esperándola. También vio a la **perrita**[15] de Tristán. Caminaba lentamente.

---

[15] little dog

–Hola, París –dijo Lena, **acariciando**[16]
cariñosamente a la perrita. Ella miró a Tristán y
le preguntó:

–¿Qué le pasó? ¿Por qué camina así?

–Mi madre va a llevarla al veterinario ahora.
Creo que se lastimó –dijo Tristán.

La perrita regresó a la casa. Y en ese momento,
Tristán miró fijamente a Lena.

–¿Por qué te despertaste tan tarde? –preguntó
Tristán.

–Perdón, mi móvil no **sonó**[17] esta mañana
–respondió Lena estirando las piernas y los
brazos.

–¿Estás bien? –preguntó Tristán, mirándola
fijamente.

Él notó que ella se veía diferente.

–Te ves cambiada. ¿Te hiciste algo diferente?
–le preguntó Tristán, estirando las piernas.

–No, no hice nada. **Me levanté así**[18]. ¿Listos?

---

[16] petting

[17] did not ring

[18] I woke up like this

¡Vámonos! –gritó Lena.

Ellos empezaron a correr. El día era
magnífico. El clima estaba perfecto, Lena y sus
amigos corrían por las calles de Bogotá,
Colombia con el resto de las personas que,
como todos los domingos, caminaban y
andaban en bicicleta, y en patineta durante la
ciclovía[19]. Después de correr 5 kilómetros.

[19] Each Sunday and public holiday from 7 am until 2 pm certain main streets
of Bogotá, Cali, Medellín, and other municipalities are blocked off to cars for
runners, skaters, and bicyclists (wikipedia.com)

Lena estaba a unos metros delante de todos sus amigos.

Ella se detuvo para esperarlos. Tristán llegó cansado y respirando fuertemente. Miró a Lena y le dijo:

–Estás en muy buena forma, Lena. Corres más rápido que todos nosotros.

–Pues, ¿qué te digo? **La práctica hace al maestro**[20] –respondió Lena sonriendo.

–Nadie más puede correr tan rápido como tú –dijo Tristán reflexionando sobre el equipo escolar de corredores –. ¿Cuál es tu secreto?

–No será un secreto si te digo, ¿verdad? –respondió Lena, riéndose.

–Pero hace dos semanas corriste más lento… es una transformación total –comentó Tristán limpiándose el **sudor**[21] de la frente.

–Soy única Tristán. Nunca vas a encontrar a una corredora como yo –dijo Lena sonriendo. A

---

[20] practice makes perfect

[21] sweat

ella le estaba gustando la conversación.

Hubo[22] una pausa de silencio
incómodo entre ellos dos. Lena tomó un poco
más de agua.

–Es verdad Lena, eres excepcional. A veces…
Tristán **vaciló**[23] mientras pensaba en lo que iba
a decirle.

–Quisiera que **fuéramos**[24]…
De pronto, él hizo una pausa. Tenía una
expresión seria en la cara.

–¿Qué fuéramos qué? –le preguntó Lena,
desesperadamente.

Lena se sintió muy nerviosa. Estaba
ansiosa por escuchar lo que Tristán le iba a
decir. Tristán la miró, abrió la boca, iba a decir
algo cuando de repente llegó Daniel,
interrumpiendo el momento.

–¡Ustedes son tan rápidos! ¿Esperamos a
Miguel? El pobrecito venía a unos metros detrás

_____

[22] there was

[23] hesitated

[24] I wish we were…

de mí. Tristán, ¿tienes más agua en esa botella?

–Sí, pero no te la doy. No quiero contagiarme con tus gérmenes –dijo Tristán tomando el agua.

Lena se rio de sus mejores amigos. Mientras Tristán le tiraba agua a Daniel. Miguel llegó cansado, mirando fijamente a Lena.

–Lena estás corriendo muy rápido hoy, ¿qué pasa? –preguntó Miguel.

–Pues, "pasa" que soy una buena corredora. Bueno, ¿continuamos entonces? Nos faltan cinco kilómetros y yo tengo ganas de darles otra **paliza**.[25]

Tristán miró a Lena. Ella también lo vio y le preguntó:

–¿Qué me ibas a decir?

–¡Vámonos chicos, yo voy a ganarles a todos! –dijo Daniel con mucha emoción.

–No es importante. Hablaremos en otro momento–respondió Tristán.

Los cuatro continuaron corriendo por las calles de la ciclovía de Bogotá.

_____

[25] another beating (out run them)

Capítulo 2
París

Después de la ciclovía, Lena llegó a casa muy cansada. Comió una empanada con queso y tomó un poco del café que estaba sobre la estufa. Su madre entró a la cocina. Vio a Lena comiendo y tomando café.

–Lena, ¿estás comiendo y no te has bañado? Tómate un baño y te preparo algo más delicioso –dijo su madre con una sonrisa.

Lena abrazó a su madre.

–¡Eres la mejor madre del mundo!

–Lena, ¡no me toques! –dijo su madre en un tono **juguetón**[26]–. ¡Ve a bañarte!

Lena se rio y se bañó inmediatamente. Después, fue directamente a su habitación. Unos minutos más tarde, su hermana entró a la habitación.

---

[26] playful

–¡Hola **muñeca**!27

–¿Qué quieres? –preguntó Lena.

–Tienes una visita.

–¿Quién? –respondió Lena, mientras se secaba el pelo.

– ¡Tristán! –exclamó su hermana.

---

27 babydoll (term of endearment)

–¿Tristán? –gritó Lena–.Pero, yo acabo de verlo hace unas horas. ¿Por qué no me mandó un mensaje de texto? –respondió Lena, confundida.

–Es una buena pregunta para él. ¿Hay **algo**[28] entre ustedes dos? –preguntó Trinidad con mucha curiosidad.

–No, ¿por qué me lo preguntas? –respondió Lena.

–Pues, cada vez que menciono su nombre, **se te ilumina la cara**[29] –dijo Trinidad.

–Es mi amigo…Tú no tienes amigos así que no lo vas a comprender –respondió Lena.

–**¡No te pases de lista conmigo!**[30]Pues, creo que hay algo más entre ustedes dos.
Trinidad miró a Lena y vio que ella tenía algo todavía en la cara.

–Espera. ¿qué tienes en la cara? ¿Te pusiste maquillaje para ir a correr? ¿Por qué quieres verte bonita para ir a correr?

---

[28] something " a thing"

[29] your face lights up

[30] Don't get smart with me!

Lena no le respondió la pregunta.

–Espera. No digas nada. Acabo de tener una revelación. ¡**Estás enamorada**[31] de tu mejor amigo! Se lo voy a decir a mamá –dijo Trinidad con mucha emoción.

–Trinidad, no se lo digas a nadie. ¡No estoy enamorada de nadie!

–Caramba…**tu amigo de la infancia**[32]. ¡Qué romántico, Lenita! Yo también quiero enamorarme de alguien.

–Yo no estoy enamorada de él. Me gusta Víctor.

–¡Mentirosa!¡Víctor no existe! –exclamó Trinidad–. Pues, Tristán te espera allí en la sala…"tu amorcito" –dijo Trinidad al salir corriendo de la habitación de Lena.

Lena se vistió rápidamente. Bajaba las escaleras cuando vio que Tristán la esperaba.

–Hola, ¿qué tal? –dijo Tristán.

---

[31] in love

[32] childhood friend

–Hola…¿qué pasa? Necesitas algo –preguntó Lena.

Ella estaba confundida por la visita porque ellos ya habían ido a correr hace unas horas.

–Es París, tiene un tumor –dijo Tristán, muy triste.

Lena abrazó a Tristán y le dijo:

–Lo siento, Tristán. Eso es horrible –respondió Lena.

–Mi mamá me lo acaba de decir –dijo Tristán.

Tristán **lloró**[33] por un momento mientras Lena lo abrazaba.

–Perdón, no quiero llorar, pero es mi perrita de toda la vida –dijo Tristán.

---

[33] cried

Los dos se sentaron para hablar de lo que pasó. Tristán le habló sobre el diagnóstico y después, hablaron de los **recuerdos**[34] felices que tenían con París.

–Recuerdo el día cuando llegó del **albergue de animales**[35]–dijo Lena. Tenías…
Tristán la interrumpió:

–Yo tenía siete años y estaba tan feliz… ¿Recuerdas cuando pensé que la había perdido?

–Sí, ¡París estaba en mi casa!…Salió al patio y no lo sabíamos –dijo Lena.

Los dos se rieron un poco recordando los momentos felices que pasaron junto con la perrita.

–Gracias Lena. Eres, de verdad, mi mejor amiga. Sé que siempre puedo hablar contigo. Ya me siento mejor.

–¡Para eso son los amigos! –dijo Lena.

---

[34] memories

[35] animal shelter

Los dos se abrazaron de nuevo. Esta vez se abrazaron por un buen rato. Lena no quería **soltarlo**[36]. Le gustaba mucho el abrazo. Quería abrazar a Tristán para siempre. Después del abrazo, se miraron en silencio.

–Bueno, me voy. Nos vemos mañana.

–Adiós, Lena.

–Cuídate, Tristán.

Tristán se fue. En ese momento, Lena cayó en un trance pensando en "el abrazo". Tristán le parecía muy diferente. Ella cerró

---

[36] did not want to let him go

lentamente la puerta, y miró a Tristán mientras él entraba a su casa. Ella pensó, «¿Cómo me puedo enamorar de mi mejor amigo?».

Cuando Lena **giró**[37], Trinidad estaba detrás de ella.

–Pues, **vaya, vaya**[38] –dijo Trinidad, mirando fijamente a su hermana.

–Vete a ver una de tus telenovelas –respondió Lena.

–No necesito ver una telenovela, tengo todo el drama aquí delante de mí. Estoy viendo la telenovela "La chica que quería salir de la zona de amigos" –dijo Trinidad con una sonrisa grande.

–Somos amigos –dijo Lena en un tono furioso.

---

[37] turned around

[38] Well, well, what do we have here?

—Sí, son amigos…¡Pero no por mucho tiempo! —respondió Trinidad.

Aunque Lena estaba furiosa con su hermana; era la verdad. Tristán tenía la personalidad perfecta y la comprendía mejor que nadie. Se llevaban muy bien. Pero, había dos obstáculos muy grandes; el primer obstáculo era obvio, él era su mejor amigo. El otro problema, que no tenía una solución fácil, era que Tristán tenía una novia: Mariana.

Capítulo 3
Los amigos

Al día siguiente, Lena estaba en su habitación, pensando en la noche anterior.

–Soy una estúpida. Él **jamás**[39] va a ser mi novio –dijo Lena, pensando en su posible relación con Tristán.

En ese instante, su madre entró.

–¿Vas a almorzar? –le preguntó su madre.

–No sé… tal vez voy a ir a comer con Sandra –respondió Lena.

–¿Qué te pasa hija? –le preguntó su madre.

–Nada, estoy bien.

–Pues, Trinidad me dijo que tienes un problema con Tristán –dijo su madre.

–¿Qué? ¡No tengo ningún problema! ¡La voy a matar!– dijo Lena furiosa.

–¡Eh! No se habla así en esta casa. Ella está intentando ayudarte. Pues, cuando quieras, hablamos –dijo su madre, cerrando la puerta al

_____

[39] never

salir de la habitación.

Lena estaba furiosa. Le mandó un mensaje de texto a su hermana:

«Tienes la boca grande»

Inmediatamente recibió un mensaje de texto, pero no era de su hermana. Era de Tristán.

Tristan: «¿Qué haces?»

Se levantó de su cama entusiasmada para ver bien la pantalla del móvil.

Lena: «Nada, ¿por qué?»

Tristan: «Tengo que ir a la casa de mi padre… Está tan lejos. ¿Me acompañas? Te compro un capuchino en **Juan Valdez**[40]» con mucha **espuma**[41], tal como te gusta.

Lena: «Pues, en este caso, ¡sí, voy contigo!»

Ellos pasaron por Juan Valdez y después fueron a la casa del padre de Tristán. Cuando llegaron no pudieron entrar. Su padre tuvo que regresar al trabajo por un documento importante

---

[40] Coffee Franchise in Colombia

[41] foam

y a Tristán se le habían olvidado las llaves. Lena y Tristán decidieron caminar un poco mientras esperaban a su padre.

Mientras caminaban, hablaban del maratón. De repente, Tristán se calló. No hablaba, sino miraba fijamente a Lena.
Lena notó que Tristán la miraba y que ya no continuaba la conversación con ella.

–¿Por qué me miras así? –le preguntó Lena, tomando su capuchino.

–¿Te puedo hacer una pregunta? Prométeme que no te vas a enojar –le dijo Tristán.

–Sí, me puedes hacer la pregunta y no me voy a enojar…¿Qué es? –indagó Lena.

Ella se puso nerviosa inmediatamente porque Tristán tenía una expresión muy seria en la cara.

–Es una pregunta **extraña**[42]…tal vez no te haga la pregunta. Es una estupidez –le dijo Tristán.

Lena estaba aún más curiosa y quería

---

[42] weird

saber cuál era la pregunta.

–Tristán, hazme la pregunta. No me voy a enojar –dijo Lena, con más curiosidad.

Tristán vaciló un poco y al final le preguntó:

–¿Te puedo besar?

–¿Qué? ¿Que si me puedes besar? ¿De dónde ha salido eso? –preguntó Lena.

Ella no podía creer que él sintiera lo mismo por ella. Estaba feliz por dentro. Tristán se acercó a Lena. Los dos estaban mirándose a los ojos.

–¿Estás lista? –preguntó Tristán.

–No te he dicho que sí– le dijo Lena.

–Perdóname. Sé que es una estupidez pero…

Lena lo interrumpió:

–Sí, me puedes besar.

Tristán besó a Lena. El beso duró unos segundos, pero para Lena pareció durar una eternidad. Aunque el beso había terminado, Lena todavía tenía los ojos cerrados. Pensó que todavía estaba besando a Tristán.

–Lena…Lena – la llamó Tristán–. ¿Qué tal el beso? ¿Qué piensas?

–Espera. Todavía lo estoy pensando–dijo Lena.

Ella estaba feliz y pensando en cómo decirles a sus amigos sobre su nueva relación con él.

–Fue un beso de práctica…para mi novia–le

dijo a Lena.

Lena salió rápidamente de su trance. Ella sintió que el mundo acababa en ese momento.

–¿Tu novia? ¿Qué tiene que ver tu novia con el beso? No comprendo nada –dijo Lena.

–Pues, quiero perfeccionar "el beso". **Tú no pensabas que yo**[43]…

–Claro que no…Es que estaba confundida. ¿Me estás usando para practicar tus besos con tu novia? –le preguntó Lena furiosamente.

–Sí…pues, tú siempre me ayudas. Ahora me estás ayudando a perfeccionar el beso. Somos amigos, ¿verdad? Es lo que hacen los amigos. Lena pensó en el comentario «Es lo que hacen los amigos».

–Bueno… Es que…te **mentí**[44]– le confesó Lena.

–¿Qué? ¿Mentiste sobre qué?–le preguntó Tristán.

---

[43] you don't think that I was "trying to go out with you"

[44] I lied

—La verdad es que el beso no fue tan perfecto. Creo que tenemos que practicarlo un poco más…para que sea perfecto para «tu novia».

—¿Tú crees? –preguntó Tristán.

—Sí, eres mi mejor amigo y quiero que el beso "sea" perfecto –le dijo Lena.

—Bueno, ¿lo intentamos de nuevo? –le preguntó Tristán.

Tristán besó a Lena dos veces más. Terminado el segundo beso. Tristán miró a Lena y le preguntó:

—¿Qué tal el beso?

—Mejor –respondió Lena.

—Raro, ¿verdad? Besarse con el mejor amigo.

—Pues, a veces, hay que sacrificarse para los amigos –dijo Lena.

En ese momento, Tristán recibió un mensaje de texto de su padre que había llegado a casa.

—Vámonos, mi padre nos está esperando.

Capítulo 4
La espía

Unos días después, Lena y su hermana fueron a la casa de su abuela. Su abuela vivía en Chía, un pueblo a treinta minutos de Bogotá. Chía es un suburbio muy tranquilo. Ellas iban **los fines de semana**[45] para ayudar a su abuela.

Cuando llegaron, la abuela les prometió un almuerzo suculento:

–Les voy a preparar un **sancocho**[46] delicioso –les dijo la abuela.

[45] weekends

[46] Colombian Chicken Soup

Fueron al supermercado para comprar los ingredientes para el **sancocho de gallina**[47], una sopa tradicional de Colombia.

–Bueno nenas, necesito comprar cebolla, plátanos, **papa criolla**[48], yuca, **mazorca**[49], arroz y aguacate –dijo la abuela.

–Busco la mazorca y el arroz –ofreció Trinidad.

–Pues, yo busco la cebolla, el arroz y el aguacate –dijo Lena.

De repente, Lena recibió un mensaje de texto de Tristán:

Tristan: «¿**DND**[50] **Tas?**»

Lena: «Estoy con mi abuela ¿No saliste con Mariana para practicar tu "beso"?»

Tristan: «Pues, no...ella tuvo que ir a visitar a su padre en el hospital»

Lena: «¡Qué pena! ¿Su padre está bien?»

---

[47]Hen Soup

[48] potato

[49] corn on the cob

[50] Where are you?

Tristán: «No he vuelto hablar con ella. Ojalá que esté bien»

Trinidad estaba ansiosa por saber con quién hablaba Lena.

–¿Quién es? ¿Es Tristán? Te dije que él está loco por ti –dijo Trinidad con una sonrisa grande.

Lena ignoró los comentarios de su hermana y continuó conversando con Tristán por mensaje de texto.

Lena: «Pues, vuelvo a Bogotá más tarde, te llamo entonces»

Lena terminó el mensaje de texto con Tristán y miró fijamente a su hermana.

–¡Cállate!–le ordenó.

Después de comprar la comida, las tres salieron del supermercado. De repente, su abuela vio a dos jóvenes besándose.

–**¡Qué vergüenza!**[51] ¡Los jóvenes hoy en día no se respetan ni a sí mismos!

Lena y Trinidad se rieron, mirando a la pareja.

–Están muy enamorados, abuela –dijo Lena,

---

[51] What a shame!

mirando a la pareja.

—Las chicas decentes no besan así en público. ¡Es una vergüenza! —exclamó la abuela.

Lena se rio porque sabía que su abuela era muy conservadora. Ella volvió a mirar a los enamorados, imaginándose a ella y a Tristán así. De repente, vio la cara de la chica y las **bolsas**[52] se le cayeron al piso.

—Lena, ¿qué te pasa mi hijita? ¿Quieres que tomemos un taxi? ¡Con mis 80 años, soy más fuerte que tú! —dijo la abuela cuando vio que Lena dejó caer las bolsas de la comida al suelo.

—¿Qué te pasa? Parece que has visto a un fantasma —le preguntó Trinidad.

Lena miró intensamente a la chica; era Mariana, la novia de Tristán.

—Trini, mira a la chica, ¿es Mariana? —le preguntó.

Trinidad miró muy bien a la chica.

---

[52] (she dropped) the grocery bags

–¡Caramba! Si no es Mariana, no me llamo Trinidad –dijo ella, confirmando la sospecha de Lena.

–¿Qué está pasando? –les preguntó la abuela preocupada.

–Abuela, a Lena se le olvidó algo en el supermercado. Tú y yo vamos a tomar un taxi. Ella va a llegar después a la casa –dijo Trinidad.

–Pero, Lena no se puede quedar sola. Te esperamos aquí –dijo la abuela hablando con Lena.

–Abuelita ¿qué va a pasar con el sancocho de gallina que nos vas a preparar? –le preguntó Lena.

–Tienes razón. ¡Tu tío y sus hijos van a venir también! –dijo la abuela con mucha emoción–. No los he visto en mucho tiempo. Nos vamos, pero no te tardes –dijo la abuela, mirando a Lena.

Trinidad habló rápidamente con Lena.

–Hermanita, es tu momento. Toma muy buenas fotos. Tienes que decirle y mostrarle toda la verdad a Tristán y así saldrás de la zona de amigos. Lena se escondió y empezó a tomar fotos como si fuera la mismísima paparazzi.

Ella pensó «Su padre no está en el hospital» y «¡Es una mentirosa!». Lena sacó muchas fotos de Mariana, pensando «Ahora, tengo una oportunidad con Tristán».

Después de quince minutos, ella se fue para la casa de su abuela. Le mostró todas las fotos a su hermana.

–Hermanita, las fotos son perfectas. ¿Puedes espiar a mi novio?

–Tú no tienes novio –dijo Lena.

–Pues, ¡cuando lo tenga! Eres muy buena con la cámara y los ángulos. Mira ésta–le dijo Trinidad, mirando las fotos.

–Quiero mandárselas ahora mismo– dijo Lena.

–Espera…no lo hagas ahora. Espera hasta que hables con él –le recomendó Trinidad.

Lena escuchó todas las recomendaciones de su hermana y no le mandó las fotos a Tristán.

—¡Dejen de hablar y vengan a comer! —les dijo la abuela.

Lena y Trinidad se sentaron para comer el sancocho de gallina junto con sus tíos y primos que estaban de visita. Fue como una reunión familiar. Después de varias horas, regresaron a Bogotá.

Capítulo 5
La invitación

Una semana pasó, y Lena todavía no le dijo a Tristán lo que ella había visto. Él estaba muy ocupado con la escuela y con su perrita. Ella también tenía que ir a la casa de su abuela después de la escuela para ayudarla con la limpieza. Uno de esos días, después de visitar a la abuela, Lena y Trinidad regresaban a Bogotá. Hablaban de los asuntos familiares, cuando Lena recibió una llamada.

–¿Quién es? Si es **mi mamá**[53], dile que ya estamos en camino –dijo Trinidad.

–No es mamá, es Tristán–dijo Lena en voz baja.

–¿Todavía no le has dicho nada sobre Mariana? ¡Hermana, ponte las pilas! Habla con él.

---

[53] if it's mom

–**¿Qué hubo?**[54] –contestó Lena.

–París se va a poner mejor. Hay que operarla, pero estará bien –dijo Tristán.

–**Menos mal**[55] –dijo Lena.

Hubo un momento de silencio.

–Lena, tengo que hablar contigo. No he sido completamente honesto contigo.

–Tristán…¿qué pasa? –preguntó Lena.

–Hay algo que quería decirte hace unos días, pero no he tenido la fuerza para decírtelo. ¿Podríamos hablar mañana por la noche?

–Claro, puedo pasar por tu casa –dijo Lena.

–No, qué tal si vamos a **Dulces Sueños**[56].

–Bueno…¿Todo bien? –preguntó Lena.

–Sí, todo está bien. Quiero ser totalmente honesto contigo, eso es todo.

Lena pensó en las fotos de Mariana.

–Bueno, listo, mañana a las siete. Hay algo que te tengo que decir también.

---

[54] ¿Qué tal?

[55] thank goodness

[56] sweet dreams

Lena no podía creer lo que él acababa de decir. Tristán la había invitado a su lugar favorito: Dulces Sueños. Lena habló con su hermana. Trinidad le dio muchos consejos de cómo **conquistar**[57] a Tristán y salir de la zona de amigos, para siempre. Lena pensaba que si ella siguiera las instrucciones de Trinidad, podría ser la novia de Tristán.

---

[57] steal his heart

Capítulo 6
La cita

Aunque Trinidad irritaba mucho a Lena, siempre la ayudaba cuando más lo necesitaba. Y en ese momento, ella necesitaba mucho a hermana para su cita con Tristán. Trinidad la maquilló. Le dio un vestido muy bonito y le hizo un **peinado**[58] diferente. Le dijo:

—Tienes que mostrarle a Tristán que podrías ser más que una amiga; puedes ser su novia.

Lena no estaba acostumbrada a los vestidos de Trinidad. Cuando ella se vio en el espejo, era tan diferente. Y le gustaba mucho.

---

[58] hairstyle

Lucía[59] como una **reina de belleza**[60], una de esas reinas colombianas que siempre ganaba en el concurso de belleza.

Lena llegó a Dulces Sueños. Ella estaba nerviosa por dos razones; la información que tenía sobre Mariana y lo que Tristán le iba a decir.

---

[59] she looked like

[60] beauty queen

Después de llegar, ella vio a Tristán. Él estaba sentado a una mesa. Se veía muy elegante. De hecho, ella nunca lo había visto vestido así. Se sintió en las **nubes**[61] al ver que él había puesto tanto **esfuerzo**[62] por verse elegante. Parecía una cita de verdad. Él le dio un abrazo, ella olió su colonia. Era una colonia nueva. Ella le dio un beso en la mejilla. Él la miró y le dijo:

—Te ves espectacular esta noche. No me había dado cuenta de qué eres tan hermosa.

Ella sonrió y los dos se sentaron. Él empezó a hablar de las cosas entre él y Mariana. De repente, Tristán puso sus manos alrededor de las manos de Lena y le dijo:

—Mi relación con Mariana ha terminado. Vi una foto de ella en Instagram; ¡Estaba con otro chico! No puedo creer que ella hubiera usado a su padre como una excusa.

---

[61] clouds

[62] effort

—Lo siento, Tristán. Debes estar muy triste. Sé que la querías mucho.

—No la quería tanto. Nunca creí que ella fuera mi chica ideal. No tuvimos una buena conexión, como la conexión que tengo contigo.

Ella pensó en lo que iba a decir.

—Creo que tomaste la decisión correcta.

Lena no quería sonreír, pero por dentro estaba muy feliz. Ella pensó, «Él es mío». Mientras Tristán hablaba, Lena lo miraba, pensando en cómo sería un beso de verdad. Qué tipo de novio sería y cómo reaccionarían sus amigos y familiares cuando ya supieran de la relación.

—Lena, ¿me estás poniendo atención? —le preguntó Tristán, interrumpiendo su **ensueño**[63].

—Sí, perdón —dijo Lena—. Mariana no te conviene Tristán. Tengo que decirte algo también —dijo ella mientras sacaba su móvil.

---

[63] daydream

Era el momento de mostrarle las fotos. Ella no quería que Tristán **se arrepintiera**[64] de la decisión de terminar su relación con Mariana.

En este momento la mesera se acercó a la mesa. Lena la miró. Fue un pésimo momento para tomar la orden de comida.

---

[64] that he'd regret

Capítulo 7
Tristán

–Hola Ana –dijo Tristán mientras se levantaba para darle un beso en la mejilla.

–Hola, tú debes ser Lena. Tristán me ha dicho mucho de ti –dijo Ana.

Ana miró muy bien a Lena y le dijo:

–Pues, vaya, eres muy bonita. Tristán me dijo que **lucías**[65] como una chica regular, pero eres espectacular. Te ves como una reina de belleza.

–Gracias, pero… ¿Tú quién eres y cómo se conocen? –preguntó Lena mirándolos.

Lena estaba totalmente confundida. Esperó impacientemente para que la chica se fuera porque quería continuar la conversación con Tristán.

–¡Señorita! –gritó uno de los clientes de una mesa cercana–. ¡Necesito el café ahora!

–Mi turno termina en cinco minutos –dijo Ana, alejándose de la mesa.

---

[65] you looked

Ana se excusó para llevarle el café al cliente enojado.

–¡Qué mesera tan loca! Ella no puede ver que estamos hablando–dijo Lena irritada.

Tristán miraba a Ana mientras ella se alejaba de la mesa.

–¡Tristán! –gritó Lena–. ¿Qué miras? Estoy aquí.

–Estoy mirando a Ana. ¿Qué piensas de ella? –le preguntó Tristán.

–¿De quién? –respondió Lena.

–¿De Ana? –respondió Tristán.

–¿La mesera? –preguntó Lena.

–Sí, ¿crees que puede haber un futuro entre ella y yo? –le preguntó Tristán.

–Espera ¿por qué estoy aquí? ¿Por qué me invitaste? –preguntó Lena furiosamente.

–Pues, desde el séptimo grado yo no salgo con una chica a menos que tú la hayas aprobado. Quiero tu opinión de Ana. Obsérvala y dime tu impresión de ella más tarde –dijo con una sonrisa–. **A propósito**[66] ¿qué me ibas a decir?

---

[66] by the way...

–Bueno, nada. Te iba a decir…pues… no importa. Ella se levantó con la excusa de ir al baño, pero Ana regresó con las bebidas.

–Lena, Tristán me dijo que te gusta el capuchino con mucha espuma. ¡Aquí tienes!

–Gracias –respondió Lena.

Ana se sentó con ellos.

–Tristán me ha dicho que se conocen de toda la vida. No entiendo como tú no pudiste enamorarte de este chico tan guapo y simpático –dijo ella tocando la cara de Tristán.

Él sonrió al sentir la **acaricia**[67] de Ana.

–Ana, Lena es como una hermanita para mí –dijo Tristán con una sonrisa.

Ana le dio un beso en la mejilla. Lena cubrió su cara con su café tratando de **disimular**[68] su desilusión.

---

[67] caress

[68] hide; fake

Ella tenía ganas de esconderse en su
taza de café. En ese momento, recibió un
mensaje de texto de su hermana.

 Trinidad: «¿Qué está pasando? **¡Cuéntame con lujo
de detalles!**[69] ¿Hay muchos besos?»

Lena:«Sí, hay muchos besos…pero no conmigo.

Trinidad:«¿Qué? No comprendo»

Lena: «Yo estoy aquí conociendo a su nueva novia.
Se llama Ana»

---

[69] tell me all the "juicy" details

Trinidad: «¡Ay no! No puede ser. Después de tanto **espionaje**[70]»

Lena: «Lo único que te puedo decir es que esta va a ser la noche más larga de mi vida. Más tarde te cuento»

En ese momento, Tristán le habló:
–Lena, vamos al cine, ¿nos acompañas?
Sí, claro –respondió Lena.

---

[70] espionage

Capítulo 8
El cine

Ana se levantó para buscar su abrigo.
Tristán miró a Lena; ella estaba mandando
muchos mensajes de texto a su hermana.

–¿Con quién estás conversando?– le preguntó
Tristán.

–Estoy hablando con…
Ella pensó muy bien antes de responder.

–Víctor –mintió Lena.

–Ay sí…el chico que vive cerca de la casa de
tu abuela. ¡**Con razón**[71] visitas mucho a tu
abuela! ¿Van a ser pareja? –preguntó Tristán.

–Sí…Me estoy enamorando de él. Es lo que te
iba a decir; encontré a **mi media naranja**[72].

---

[71] No wonder

[72] soulmate

En ese momento, Tristán sintió algo en el corazón. Aunque Lena era su mejor amiga, sintió **celos**[73] por primera vez. Ella era su amiga de toda la vida, pero ahora, por alguna razón inexplicable, no le gustaba esta nueva relación de Lena.

---

[73] jealousy

Hubo un silencio después de la confesión de Lena.

–Tristán, ¿qué pasó? ¿Por qué me miras así? –le preguntó Lena.

Tristán trató de hablar, pero no le salían las palabras.

–Tristán…¿qué pasó? –preguntó Lena.

–Yo…

En ese momento, se le acercó un chico, interrumpiendo a Tristán.

–¿Lena? ¿Eres tú? –preguntó el chico, sorprendido.

–Hola, ¿qué tal? –dijo Lena con una sonrisa.

–Te ves, hermosa. ¡Vaya! Casi no te **reconocí**[74] –dijo el chico.

Lena le sonría.

Tristán miraba al chico. Sabía que era Víctor. Él sabía que tenía que actuar inmediatamente. El chico continuó hablando con Lena.

---

[74] recognized

—Entonces, ¿vas a pasar por mi casa mañana por la noche? –preguntó el chico.

—Sí, claro, estaré allí –dijo Lena.

«¿Pasar por mi casa?» «¿Por la noche?», pensó Tristán.

—Esperen –gritó Tristán.

El chico y Lena miraron a Tristán.

—Lena no va a ir a tu casa, ¡especialmente por la noche! –dijo Tristán en un tono autoritario.

—Pero…–dijo el chico, tratando de hablar.

Tristán interrumpió al chico.

—Pero nada. ¡Ya no más! –dijo Tristán.

Algunas personas en el café estaban mirando hacia los tres chicos.

—Lena, tengo que decirte algo…

—Tristán…¿qué pasa? –preguntó Lena totalmente confundida.

—¡Te quiero! –le dijo Tristán.

—¿Me quieres? –preguntó Lena–. Claro que me quieres. Te quiero a ti también. Somos amigos de toda la vida.

–Lena, no entiendes. ¡YO TE QUIERO!– dijo Tristán otra vez con énfasis–. No puedo verte con Víctor. Hemos sido buenos amigos por tanto tiempo. Y he sido tan estúpido por no ver que eres mi pareja perfecta.

–Pero, escúchame –dijo el chico.

–¡No! Tú escúchame a mí –gritó Tristán. Él continuó hablando con Lena.

–Te quiero mucho y…quiero que seas mi novia –declaró Tristán.

En ese momento, Ana volvió con su abrigo.

–Perdona la **demora**[75]. Tuve que hablar con mi jefe. ¡Un cliente **se quejó**[76]! ¿Vamos al cine? –preguntó Ana, notando que había un **silencio incómodo**.[77]

–¿Qué pasó aquí? ¿Alguien murió? –dijo Ana **en broma**[78].

---

[75] tardiness

[76] complained

[77] awkward silence

[78] jokingly

–Lo siento Ana, pero no estoy interesado en ti. Estoy enamorado de Lena –dijo Tristán, mirando a los ojos de Lena.

Lena miró a Tristán. Por fin, ella habló.

–Tristán, la verdad es que yo también estoy enamorada de ti. Desde que teníamos 13 años y tu pusiste insectos muertos en mi cama. Yo supe que eras el chico para mí.

Los dos se abrazaron y se besaron.

Tristán dejó a besar a Lena y le preguntó:

–Pero, ¿qué va a pasar con Víctor? –dijo Tristán, mirando al chico.

–¿¡Qué va a pasar con Víctor!? A quién le importa. ¿Qué va a pasar conmigo? –preguntó Ana.

–¿Quién es Víctor? Soy Javier –respondió el chico.

–¿Javier? –preguntó Tristán.

–Sí, él es Javier. Es parte de mi grupo de lectores…

En ese momento Tristán se rio nerviosamente.

– Entonces, ¿no eres Víctor? –le preguntó Tristán de nuevo.

–No, no soy Víctor. Soy Javier.

Javier miró a Lena.

–Este es el libro que vamos a leer. Tengo dos copias conmigo –le dijo, dándole el libro.

Tristán miró a Lena. Ella tenía una sonrisa grande. Pero, Ana todavía estaba confundida.

–Lena, todavía no me has dado una respuesta…¿Quieres ser mi novia? –le preguntó Tristán en un tono romántico.

–Sí, quiero ser tu novia –respondió Lena.

–¡Qué locura! –dijo Ana–. ¿**Y yo qué**[79]?

–Ana, eres una buena amiga –dijo Tristán.

Ana miró a Javier románticamente.

–Javier, ¿qué vas a hacer después de todo esto?

–Tengo una cita con mi novia…–respondió Javier.

–¡Ay no! ¡Odio mi vida! –gritó Ana.

Tristán y Lena ya se iban. De repente, ellos se dieron cuenta de que Ana todavía estaba caminando con ellos.

---

[79] What about me?

—Ana, vamos a ir al cine. Comprendo si no quieres ir con nosotros...después de todo que pasó –dijo Tristán.

—Yo estoy libre ahora. No tengo nada que hacer.

Lena **sintió pena**[80] por Ana. Ella estaba en el lugar de Ana hace unos minutos.

– Te invitamos al cine –dijo Lena.

—¿Sí?...¿Ustedes van a pagar por mi boleto? Es lo menos que pueden hacer –dijo Ana.

Tristán miró a Lena. Lena asintió con la cabeza.

—Vale, está bien –dijo Tristán.

—También, me van a comprar **crispetas**[81]? –preguntó Ana.

—Vale –respondió Tristán.

—¿Puedo sentarme al lado tuyo Tristán?

—¡Claro que no! –gritó Lena.

—Bueno, está bien...no pasa nada. Voy con ustedes...¿Qué peli vamos a ver? –preguntó Ana.

---

[80] felt sorry for her

[81] palomitas; popcorn

—La nueva peli "Cómo Salir de la Zona de Amigos." –dijo Lena con una sonrisa.

–¡Ay no! **¡Es el colmo!**[82] –dijo Ana.

Fin

---

[82] That's it! It's a bit much for me!

Glosario

Abrazaron - they hugged; you all hugged

Abrazar- to hug

Acariciar - to pet/ to caress

Agarrar- to grab

Alejándose - going way

Algo- something

Andar- to walk; skateboard

Aprobado- approved

Arrepentir-to regret

Beca- scholarship

Bolsas- bags

Calles - streets

Cara- face

Cariñosamente - lovingly

Cercano- near

Cine- movies

Cita- appointment

Corredor (a)- runner

Creí- I believed; I thought

Decir- to say

Desesperadamente- desperately

Dijo - s/he said; you said

Domingo- Sunday

Dormir - to sleep

Durar- to last

Durmiendo - sleeping

Empezó- s/he started; you started

Enamorado (a)- in love

Enamorarme- to fall in love

Encontrar- to find

Entiendo- I understand

Entrenar - to train

Equipo- team

Eran- they were

Escaleras -stairs

Esconderse- to hid

Escuchar- to listen

Esfuerzo- effort

Espejo - mirror

Esperar- to wait

Espiar- to spy

Estaba- s/he was; you were

Estirar - to stretch

Fijamente- intently

Fijar- to focus

Fueron- they went; you all went

Fuerza - strength

Gallina- chicken/ hen

Ganar- to win

Gérmenes- germs

Girar -to turn around

Gritó - s/he screamed; you screamed

Haber- to be

Habitación - room

Hacer- to do; to make

Hacían - they did; they made; you all made; did

Hizo- s/he made/did

Jamás- never

Jóvenes- young people

Junto (s)- together

Lastimarse-to hurt oneself

Levantarse- to get up

Llamada- call

Llaves- keys

Llegó- s/he arrived; you arrived

Llorar- to cry

Maquillaje- make-up (for face)

Matar- to kill

Mejilla- cheek

Mensaje -message

Mentiroso (a) liar

Mentir- to lie

Mesa- table

Mientras- meanwhile

Mirada- look

Mismo - the same

Mostró - s/he showed; you showed

Nenas- girls

Ningún- not one/none

Nombre- name

Novia - girlfriend

Novio- boyfriend

Ojos- eyes

Olvidar- to forget

Pantalla- screen

Pareja- couple

Patineta- skateboard

Premio - prize

Primer- first

Prométeme- promise me

Pudiste- you could

Pusiste- you put

Razón - reason

Recuerdas- do you

remember

Recuerdos- memories

Regresaron -they returned;

you all returned

Respirar- to breath

Rieron - they laughed; you all

laughed

Sacaba- s/he was talking out

(something)

Sala- room

Salir- to leave

Semanas - weeks

Ser- to be

Se vistió- s/he got dressed;

you got dressed

Sonreír- to smile

Sonriendo- smiling

Sorprendió - s/he was

surprised; you were surprised

Subir- to upload

Tenías; you had

Tiraba - s/he threw; you

threw

Tiró- s/he threw; you threw

Vacilar- to hesitate

Vaciló- s/he hesitated; you

hesitated

Vecino (a)- neighbor

Venía: s/he came; you came

Verdad- truth

Vio - s/he saw; you saw

Vuelvo- I will return

Vergüenza - shame

¡Gracias por leer!

A.C. Quintero

More titles and bundles available

at:

brycehedstrom.com

fluencymatters.com

amazon.com

teacherspanishmadeeasy.com

Spanish Novels
For
Lower-Levels

Simple Language

Compelling storylines

LA CLASE DE CONFESIONES

A.C. Quintero

Carlos is secretly in love with a girl in his Spanish class. However, when the teacher finds out about his classroom "crush" he tries to "play match-maker," and his efforts are disastrous. Carlos has to navigate awkward moments, a nosy teacher, and his own self-confidence to avoid making the ultimate confession... and he's not the only one!

LA BELLA MENTIRA

A.C. Quintero

Carlos leaves Spanish class utterly embarrassed, and his day goes downhill from there. From technical issues with his cellphone, to a sarcastic math teacher, he just doesn't get a break. Carlos is given one more chance to make things right...but, he messes that up too! Now, the advice of his friend could make or break his love life. Find out in part 2!

Feliz Cumpleaños

It's Esteban's birthday, but he can hardly get a break. First, his teacher forgets his birthday, and then Roberto, the bully is determined to destroy his special day. Esteban has to find the courage to stand up for himself, on this birthday!

Spanish Novels
For
Upper-Levels

Comprehensible Language

Compelling storylines

Camilo, one of the sweetest boys in Buena Vista, is wearing a mask. His girlfriend discovers his double life; but, he isn't the only one with compromising secrets. His house harbors a bigger secret that has haunted the town for years. "Las apariencias engañan" reveals the timeless truths that: things are never what they seem.

We've all heard the old adage, "If you play with fire, you will get burned." But some teens like to test the flames... Camilo is one of them. As his mask slowly starts to crack, his grip on reality is slipping away, and the door to his "closet" slowly opens, revealing fragments of his secret life and that of his family's. "El Armario" affirms that no one is perfect and we all have skeletons in the closet... But some bones are bigger than others.

Can an obsession with technology, turn deadly? Well, these techy teens are about to find out. Federico and his friends have an insatiable desire to "capture" and "record" every memorable moment. However, not all memories are created equal, and these boys are about to discover this harsh reality. Find out in "El Escape".

Made in the USA
Lexington, KY
28 August 2019